NI RÉPUBLIQUE

NI EMPIRE

NI MONARCHIE

?

PRO PATRIA.

———⋆———

BORDEAUX

IMPRIMERIE R. COUSSAU & F. COUSTALAT

20, rue Gouvion, 20

—

1888

NI RÉPUBLIQUE

NI EMPIRE

NI MONARCHIE

PRO PATRIA.

———⇒◆⇐———

BORDEAUX

IMPRIMERIE R. COUSSAU & F. COUSTALAT

20, rue Gouvion, 20

——

1888

NI RÉPUBLIQUE - NI EMPIRE - NI MONARCHIE

Cela paraît drôle, mais c'est ainsi. — On est en droit de se demander, en effet, quelle peut bien être la forme du gouvernement en dehors de celles énumérées ci-dessus, quelle peut bien être l'inconnue qui se dégagera du vaste problème que nous nous efforçons tous de résoudre à l'heure actuelle. Avant de faire connaître la solution, nous allons essayer de résumer l'état général des esprits.

La crise épouvantable que nous traversons, crise financière, industrielle, commerciale, agricole, physique et morale tout à la fois, provoque depuis longtemps déjà, dans la masse du peuple français, une lassitude qui, fatalement, se terminera par la guerre civile, précédée ou suivie de la guerre étrangère. Mais comme cette dernière ne nous paraît pas immédiatement probable pour bien des raisons, nous sommes amenés à dire que la guerre civile sera d'autant plus proche que l'autre sera plus éloignée.

C'est la prévision de cette épouvantable catastrophe et la recherche des moyens de l'éviter, qui conduisent tout homme impartial, vivant en spectateur éloigné des sphères politiques, à peser les chances des divers partis, leur plus ou moins grande popularité ; en un mot, la solution.

Commençons par la République, puisque c'est le gouvernement de notre malheureux pays.

La République de 1888 est aujourd'hui à l'état comateux : elle est incapable de se mouvoir jusqu'au moment très proche où, les chaleurs estivales favorisant la gangrène, précipiteront sa décomposition. La République n'a rien fait et ne peut rien faire, parce qu'elle est devenue, chez nous, un gouvernement de parti.

Depuis 1870, nous assistons à un singulier spectacle : nous ne parlerons que pour mémoire des innombrables ministres qui, successivement, ont occupé le pouvoir, ni de la progression toujours croissante des concessions qui semblent, à chaque changement de ministère, avoir été faites à l'opinion avancée. L'un est le corollaire de l'autre, et tout cela n'est que pure comédie jouée par les intéressés et les comparses, afin d'avoir l'air de donner satisfaction à l'opinion publique, en changeant les acteurs.

Disons tout de suite, pour ne plus y revenir, que nous devons à la République la diffusion de l'instruction et la loi sur le divorce (cette dernière pour les gens riches seulement), et..... c'est tout. Avoir mis dix-sept ans pour produire si peu et si mal, c'est, il faut en convenir, un bien léger bagage. En revanche, les promesses n'ont pas manqué ; ministres, députés, sénateurs, s'en sont donné à cœur-joie. De ce côté, la République a été large, très large, tellement large, qu'elle se trouve aujourd'hui en présence du quart d'heure de Rabelais ; et comme il lui est totalement impossible de faire face à ses engagements, elle se trouve au bord du précipice.

La République, avons-nous dit, est un gouvernement de parti ; elle est mieux que cela, c'est un gouvernement de caste et de secte. Proclamée par le peuple sur les ruines de l'Empire, elle n'a pas tardé à être accaparée par les francs-maçons. Elle est devenue leur œuvre et leur appartient tout entière. Elle est donc loin d'être nationale, puisque les francs-maçons ne sont pas la majorité des Français. Mais ils ont su toutefois combiner leur affaire.

Après avoir mis au premier plan et aux premières places ceux des leurs dont ils étaient sûrs et qui pouvaient avoir quelque valeur, les chefs de cette nouvelle école, de cette nouvelle religion, de cette secte, ont eu soin de faire graviter dans leur orbite et de s'assurer, en les compromettant, du concours d'hommes étrangers à leur caste, mais dont la valeur, l'influence ou la popularité pouvait les gêner dans l'avenir. De là, la constitution de ce cercle de politiciens, aujourd'hui véreux, pourris et viciés, d'où la République ne veut et ne peut sortir. Nous en avons pour preuve la conduite des candidats de cette confrérie qui, au moment des élections, exposent des programmes splendides, promettent la panacée universelle, tout comme les pitres d'un forain, et que nous retrouvons, peu après leur validation, complètement *enlissés* dans la fange officielle. Rares sont ceux qui en échappent.

Ce cercle ne peut s'élargir, car après la solida-
rité qui résulte des fautes et de l'intérêt com-
muns, aucune recrue importante ne peut être
faite ; et, d'un autre côté, toute nouvelle recrue
qui n'apporterait pas les mêmes idées, les mêmes errements et qui, par conséquent, ne serait
pas disposée à s'enlisser, détruirait, par ce fait,
l'hégémonie de cette collection de médiocrités
impuissantes et ridicules qui a la prétention de
nous gouverner.

Leur discipline n'a d'autre conséquence que
d'empêcher les idées grandes et généreuses de
prévaloir et forcer les adeptes à rester dans le
rang. Leur politique est celle des ventre-pleins
et des compromissions. L'égoïsme de ces gens-là
n'a pu engendrer que les tripotages, la pourri-
ture, la décomposition.

Cela est tellement vrai, que lorsque Gambetta
a voulu sortir de la règle commune, en appelant
à son aide des hommes de valeur, mais qui n'ap-
partenaient pas à la secte ; il est tombé. Il en a
été et en sera de même pour tous ceux qui vou-
dront s'affranchir de ce nouvel esclavage.

Car, remarquez-le bien, pour qu'un homme
soit libre, la première des conditions veut
qu'il soit indépendant ; or, comme tous ces républicains officiels sont solidaires, font partie de la
même secte, sont liés par toutes sortes de compromissions, ils sont esclaves les uns des autres
et partant absolument impuissants.

Ils ont poussé le cynisme jusqu'à afficher la
prétention grotesque de vouloir une République
libre... Libre, à la condition de souscrire à toutes

leurs exigences, d'accepter pleinement leurs
théories et, qui plus est, de donner des gages.
Que parlent-ils de liberté, ces hommes qui ne
sont que de mauvais esclaves, esclaves de leur
secte et de leur ventre, car leur religion à eux,
c'est leur ventre. Au lieu d'élargir le cercle, ils
l'ont resserré de telle façon, qu'aujourd'hui ce
cercle les étreint.

Si la République n'avait pas été accaparée par
les francs-maçons, si elle eût été largement et
loyalement ouverte à tous les enfants de la
France, quel avenir ne pouvait-elle entrevoir ?
Quel programme à suivre et à mener à bien !

Les conditions sociales ont, en effet, totalement changé depuis bien longtemps. Les rela-
tions internationales, les progrès de toute sorte,
la vie publique et les mœurs se sont modifiés du
tout au tout. L'agriculture, le commerce, l'industrie ne peuvent continuer à vivre dans les conditions économiques où elles se trouvent encore
aujourd'hui. Les villes retournent à la terre le
trop plein que celle-ci leur avait envoyé, mais la
terre ne peut rien recevoir, car la terre a l'impôt, l'impôt, toujours l'impôt. Les transactions
mobilières et de toute sorte sont entravées par
des formalités longues et vexatoires peu en rap-
port avec le besoin d'activité de notre époque. Les
divers codes qui nous régissent ne sont pas au
diapason et demandent une refonte générale. Ils
sont encore empreints d'un reste de barbarie
dont notre société ne peut plus s'accommoder.
La jurisprudence n'est qu'un dédale impénétra-
ble, terre promise des procéduriers qui ont la

prétention de vous dire : nul n'est sensé ignorer la loi !

L'armée, cette partie essentielle de la nation, cette arche sacro-sainte qui conserve la sélection de notre race, le plus pur du sang français, a besoin d'une unité de direction qui lui fait totalement défaut, etc., etc.

Le nombre des réformes à accomplir est trop considérable pour trouver place dans le cadre restreint que nous nous sommes tracé ; mais nous pouvons dire, d'une manière générale, que lorsqu'un édifice est vermoulu, ce n'est pas à l'aide de mauvais replâtrages que l'on arrive à le consolider, mieux vaut le reprendre à la base et le reconstruire.

Eh bien ! nous sommes obligés de constater que pendant dix-sept ans, la République a eu largement le temps de reprendre cet édifice et de le reconstruire sagement, sûrement. Elle n'a rien fait.

Si, elle a cependant fait quelque chose ! Par ses vaines promesses, par son verbiage de contrebande, elle a puissamment aidé à l'éclosion de la question sociale, et cette question sociale, qu'elle est impuissante à résoudre, se dresse aujourd'hui menaçante, implacable devant elle. C'est le commencement de la fin.

La classe ouvrière souffre depuis bien longtemps en France, et si elle expose quelquefois ses revendications sous une forme qui peut paraître dangereuse, ces revendications n'en sont pas moins légitimes. Les ouvriers des villes sont ceux qui font entendre les plaintes les plus vives,

mais ils ont avec eux ceux des campagnes qui, pour-
pour ne pas se plaindre si vivement, ne souffrent peut-être que davantage. Laissons de côté
les fauteurs de discorde qui, sous prétexte de
revendications, poussent à la guerre civile. Nous
ne sommes pas avec eux ; mais nous sommes et
nous faisons partie de ce nombre incalculable de
travailleurs sérieux, connaissant leurs devoirs, et
qui sont en droit d'exiger aujourd'hui ce qu'on
leur promet depuis si longtemps. Ils ont fait
preuve de patience et pousseront l'abnégation
jusqu'au bout. Mais qu'on se hâte d'apporter un
remède au mal dont ils souffrent, si l'on ne veut
voir les exaltés prendre la tête. Les autres sui-
vront, et ce jour-là se déchaînera sur la France
la plus effroyable des calamités.

Les ouvriers travailleurs des champs et des villes
ne sont pas les seuls auxquels la politique égoïste
des républicains rende la vie pénible. Il y a le
petit propriétaire, les fermiers, les colons par-
tiaires, qui travaillent comme des mercenaires,
qui tournent et retournent leurs champs, mais
dont les produits ne se vendent pas, parce que la
République a trouvé bon de favoriser l'entrée en
France des produits étrangers. Traités de commerce, tarifs douaniers, abaissement des tarifs de
transport en faveur de ces mêmes produits étrangers, tout concourt à déprécier les produits na-
tionaux. L'industriel, pour les mêmes raisons, ne
peut plus transformer la matière. Le commer-
çant, bien qu'il ne soit qu'un intermédiaire, iné-
vitable sans doute, et dont la marchandise sup-
porte ses frais généraux et ses bénéfices, voit ses
débouchés fermés de tous côtés.

Enfin, il y a le consommateur, c'est-à-dire tout le monde qui, surchargé d'impôts de toutes sortes, voit son existence menacée et par le fisc et par la fraude.

Telle est, en deux mots, la situation dans laquelle se trouve le peuple français, situation empirant tous les jours, et devant laquelle sont acculés nos gouvernants.

Et pendant que le peuple souffre ainsi, qu'ont fait et que font tous ces gouvernants, c'est-à-dire le noyau d'hommes politiques qui s'est emparé de la direction des affaires publiques ?

La seule préoccupation de ces hommes a été de créer des obligés, de se maintenir au pouvoir, de passer tour à tour au ministère, de partager le gâteau, de manger au râtelier ; en un mot, de tripoter.

Le budget, les affaires, les lois, les réformes, allons donc! De tout cela, ils en jettent une pelletée dans l'urne, la veille des vacances, et tout est dit.

L'intérêt personnel passe pour eux avant l'intérêt général; l'amour du gousset prime l'amour de la Patrie; mais comme pour se maintenir et tripoter il faut des complices, nous assistons à la sarabande des écus et des économies de la nation. Nous en sommes arrivés à cette situation monstrueuse de voir le produit du travail national servir à nourrir une armée de parasites et de paresseux. La moitié de la France travaille à nourrir l'autre. Les administrations regorgent d'employés inutiles, et depuis le haut jusqu'en bas de l'échelle administrative, cette cohue de parasites émar-

geant au budget ne produit pas individuellement
plus d'*une heure par jour* de travail effectif. Nous
défions qui que ce soit de nous prouver que le
rendement moyen dépasse le chiffre que nous
avons indiqué ci-dessus. Il en est de même dans
toutes les administrations civiles qui sont en rela-
tions avec l'Etat. Nulle affaire ne se traite, nulle
fourniture ne s'effectue, nul travail n'est entrepris
qu'à la condition de pot-de-vins importants, ou,
tout au moins, de places à donner. Aussi quelle
danse formidable de millions et de milliards. Mais
comme il faut faire de la réclame, tout est prétexte
à leur générosité. Depuis les victimes de Décem-
bre jusqu'à celles déterrées de 48 ; depuis les
établissements de crédit jusqu'aux entreprises de
toute nature.

Que d'exemples à citer!

Enfin les Compagnies de transports qui,
moyennant cet immense pot-de-vin qui s'appelle
les cartes de circulation (sans compter les autres),
ont réussi à s'affranchir de la tutelle de l'Etat et
sont en train de ruiner l'agriculture, le commerce
et l'industrie nationale.

Lorsqu'ils n'intriguent pas dans leur circons-
cription, ces honnêtes politiciens passent à Paris
leur temps avec des agents d'affaires, encombrent
les ministères, les administrations, reçoivent pour
se donner de l'importance les solliciteurs, et ne
vont à la séance que pour jouer la comédie sa-
vamment préparée dans les coulisses.

Cette vie n'est pas sans charme et rapporte
gros. Un ancien ministre (on devrait bien dire
ex-ministre), auquel on demandait pourquoi il

restait éloigné d'une grosse sinécure, répondit
bravement qu'il avait besoin d'arrondir sa fortune
et qu'au bout de quelque temps il reparaîtrait
bien renté. (Nous ajoutons plus affamé que jamais). Il résumait ainsi d'une manière précise
l'objectif de tous ces tripoteurs.

On conçoit aisément tout ce que le pays souffre
d'un pareil état de choses et l'on comprend le
malaise des esprits, et se malaise est tellement
intense, la situation est tellement tendue que l'im-
moralité engendrée par ce tripotage à outrance est
plus générale. La gangrène gagne partout. Trau-
sactions commerciales, transactions officielles,
opérations de toute nature sont empreintes de
fourberie et de déloyauté. La fraude gagne partout,
se riant d'une pénalité sans règle et sans base.
Les consciences s'affaissent au détriment de la
morale publique et de l'esprit national. On a vu
s'instituer deux choses bien caractérisées : Le
triomphe de la chicane, le règne de la procédure
malhonnête et le *vol légal*. Les filous et les bandits
qui frisent le code pénal sont appelés adroits et
intelligents ; les honnêtes gens qui sont spoliés
sont appelés maladroits ou imbéciles s'ils ne sont
pas traités de voleurs.

Autrefois les transactions commerciales s'effec-
tuaient loyalement, honnêtement, Aujourd'hui, la
fraude, la tromperie partout. Toute maison qui
marche est forcément doublée d'une étude d'avoué
ou d'un cabinet d'avocat. C'est la conséquence de
cette fièvre de l'or encouragée par la République
et qui fait demander à la spéculation et au jeu
l'aisance que le travail honnête peut seul procurer.

Et cependant lorsque l'on songe que la nation française est la nation loyale et honnête par excellence, ne demandant qu'à marcher dans la voie du devoir et de la probité, on ne peut s'empêcher de dire et de répéter bien haut combien sont coupables ceux qui l'ont détournée de sa route. Ce malaise, ce mécontentement général viennent précisément de ce que le peuple français ne se sent pas dans sa voie; de ce qu'il est obligé pour vivre d'avoir recours à des moyens détournés qui répugnent à son caractère et à son honnêteté fondamentale. Il n'en peut plus, il étouffe dans cette atmosphère empestée et veut en sortir à tout prix. Il sent qu'il est temps de s'arrêter sur la pente fatale de la décadence. On peut bouleverser le monde, mais on ne modifie pas l'essence d'un peuple tant que ce peuple est debout. La race et le sang français prévaudront toujours.

D'un autre côté, si nous effleurons la question de la moralité publique, nous sommes en droit de nous demander où l'on va. Que n'ont produit la littérature, le théâtre et la presse contemporains? Quelles ignominies licencieuses et dégradantes n'ont vu le jour sous l'œil paterne et bénévole des ventre-pleins chargés de veiller précieusement sur les mœurs publiques? Les villes les plus dépravées de l'antiquité, les peuples les plus pourris disparus dans le creuset des siècles ne connaissaient pas comme nous la quintescence de la dépravation.

Et tout cela voit le jour à Paris, tout cela nous vient de Paris ; Paris cette merveille, ce foyer lumineux d'où partaient autrefois toutes les grandes idées et qui est devenu au nom de la

liberté (ô ironie !) un véritable repaire de bandits.
Il ne peut en être autrement lorsque l'on songe
que l'exemple vient d'en haut et que les premiers
corrompus, tripoteurs et banquistes, sont précisément les hommes officiels.

Quelle est cette affaire Wilson ? si ce n'est
l'histoire de tous les politiciens de la République.
Wilson n'est pas un, il est légion. Que n'a-t-on
pas fait pour étouffer cette affaire ? Mais il fallait
une proie à l'opinion publique et l'on a délibéré.
Wilson s'étant trop avancé, ayant tenu boutique
ouverte, c'est lui que l'on a désigné pour être
mangé. Après lui, en viendront d'autres, et tous
y passeront, l'un après l'autre, s'ils n'y passent
pas tous à la fois dans le plus sanglant 93 qui se
soit jamais vu.

Vient maintenant la question Boulanger ! Eh
oui ! Boulanger, que le peuple français, harassé,
écœuré de tant d'infamie, a cru pour un instant
l'homme providentiel, le seul capable de chasser
les vendeurs du temple ; et c'est pour cela que de
tous côté on s'est tourné vers lui, lui criant :
Oui ! nous souffrons, oui ! nous sommes dans une
voie qui n'est pas la nôtre ; débarrassez-nous de
tous ces tripoteurs ; rendez-nous notre honneur
compromis, notre loyauté de Français, l'amour
de la patrie que nous voyons traîner dans la
boue !

Et l'occasion a été belle pour ce général, si,
lorsque chef de l'armée, il ne s'était pas aliéné
cette même armée en rayant de ses cadres les
plus estimés de ses chefs, en introduisant dans
ses rangs le favoritisme à outrance et la délation

officielle par l'autorisation donnée aux officiers de tous grades de correspondre directement avec lui. Il pouvait tout, ce général, s'il était resté sur le terrain patriotique et national. Hélas ! c'est un ballon de baudruche, une nullité qui s'est grisée aux acclamations de la foule, et qui crèvera dans le gilet d'un Rochefort.

Mais quelle peur, quelle peur bleue n'a-t-il pas inspiré, n'inspire-t-il pas encore aux *pleutres* du gouvernement. Les sévérités méritées ou imméritées, peu importe, prises par ces poltrons affolés, donnent la mesure de la peur qu'ils éprouvent de leur impuissance absolue.

Boulanger ! c'est la révolution, c'est la rue qui monte. Le gouvernement a beau faire, rien ne l'arrêtera. Boulanger ! c'est la désorganisation complète, c'est l'*accident* qui précipitera la décomposition. *C'est la commune, car le soldat ne tirera pas sur Boulanger.*

Et nous défions le gouvernement de sortir de l'impasse, nous le défions de trouver une solution. Il n'a personne, pour une bonne raison, c'est que les hommes qui composent le groupe, le noyau, le cercle officiel qui constituent, en un mot, le fond du roulement politique, sont complètement usés. Ils ne peuvent entrer dans une voie nouvelle sans enfreindre la discipline de leur secte, sans renier leur passé. Or, comme *à des situations nouvelles il faut des hommes nouveaux*, on voit que l'impuissance de ce côté est réelle, absolue.

La voie des réformes leur est également fermée. Cette voie, pour le Parlement actuel, c'est la renonciation aux droits, aux habitudes acquises ; c'est le radicalisme, c'est plus que l'abdication, c'est le suicide.

Et cependant, mes bons amis, il faudra l'avaler ; il faudra l'avaler de gré, de peur d'être obligé de l'avaler de force. Ce sera dûr, nous en convenons ; on n'est pas arraché sans regrets aux délices de Capoue. Mais c'est ainsi.

Nous n'examinerons ici que la situation intérieure.

Au dehors, nous sommes entourés de peuples gouvernés contre leur gré ou se gouvernant à leur guise, peu nous importe, cela ne nous regardant pas ; mais nous devons constater que ces peuples ont une unité parfaite, une politique et un gouvernement national. Ils savent ce qu'ils veulent et progressent à l'avenant. Chez eux, l'armée est une, et ne fait pas de politique. Ses chefs ne changent pas, et leur transformation suit une marche progressive et régulière.

Autrefois, nous dictions à ces peuples. La République nous a fait leurs mendiants — mendiants d'une alliance, mendiants d'une amitié, — mais ils ont bien raison de ne vouloir ni de notre alliance, ni de notre amitié. L'amitié de qui ? L'alliance de quoi ? Quand la peste est dans un pays, on la fuit ; c'est ce qu'ils font.

La République est morte. Les maçons républicains l'ont tuée. Elle est aujourd'hui dans l'imbécillité, en attendant qu'elle s'esclaffe dans le sang.

II

Nous venons de démontrer que la République est absolument impuissante à donner au peuple français la solution que ce dernier exige impérieusement.

L'empire ne peut pas davantage résoudre le problème. Le césarisme a fait son temps, les impérialistes n'ont aucun homme ; de plus, ils ont derrière eux les fautes de l'Empire et la catastrophe de 1870. Avec de pareils antécédents, il n'est pas besoin de s'étendre plus longtemps sur les chances gouvernementales d'un parti bientôt passé à l'état de légende ; belle légende, du reste, que celle qui a pour héros le vainqueur d'Austerlitz.

Passons à la Monarchie.

III

M. le Comte de Paris appartient à une famille contre laquelle on ne peut formuler aucun reproche; il y a dans cette famille un héros, un soldat! vaillant de plume et d'épée; ce petit-fils d'Henri IV, vainqueur de la Smalah, est abreuvé sur ses vieux jours de l'amertume de l'exil. — Non ! la France entière ne saurait être solidaire des bassesses, de la servilité et de l'ingratitude d'un

Boulanger. — Au décret d'exil, ce patriote a répondu ; il a détaché le plus beau fleuron de sa couronne royale pour l'offrir à son pays. Quelle réponse et quelle leçon donnée par ce général français au beau-père de Wilson et aux trembleurs du Parlement.

De ce côté il y a des hommes ; mais les monarchistes sont plus royalistes que le Roi et ne semblent pas assez pénétrés des besoins de la nation. Or, le peuple français veut absolument des réformes, de plus il est assoiffé d'égalité, il souffre du favoritisme à outrance qui porte le plus grand préjudice au développement général. La nation veut aujourd'hui savoir où elle va. Les expériences qui ont été faites à ses dépens l'ont rendue méfiante, et ce n'est pas sans raison qu'elle exige des garanties. Le peuple français se donnera tout entier et sans réserve à celui qui, entrant résolûment dans la voie promise, tiendra ses engagements. Il faut que le gouvernement qui prendra la direction des affaires se pénètre bien de ceci, c'est qu'il n'aura la faveur du peuple qu'à la condition de résoudre les questions économiques et sociales qui s'imposent, et d'apporter dans la gestion des affaires et deniers publics la probité et l'intégrité la plus absolue.

La Monarchie peut-elle donner satisfaction au pays? Telle est la question.

En vérité, on ne peut s'empêcher de rire lorsque l'on voit les monarchistes venir dire à l'ouvrier : revenez à la religion, etc..., vos souffrances disparaîtront.... Les biens de ce monde..., ceux de l'autre, etc., etc., etc....

Tout cela est fort beau ; si la religion peut nourrir notre âme, il ne faut pas oublier que cette âme est emprisonnée dans une carcasse de chair et d'os ; qu'il faut à cette carcasse un morceau de pain chaque jour, une maison pour l'abriter et des vêtements pour la couvrir. Ce n'est pas tout, lorsqu'on a bien dîné, de dire à ceux qui ont faim : Priez Dieu, cela vous remplira le ventre. Les monarchistes oublient trop facilement cet adage : *Mens sana in corpore sano.* Le paria qui lutte pour l'existence, l'ouvrier qui rentre harassé le soir pour recommencer le lendemain et qui n'a pour nourrir sa nombreuse famille qu'un modique salaire, ne se contentera pas que de sermons. L'essentiel pour lui, c'est le pain assuré, il écoutera les sermons après.

En cela soyez plus pratiques, Messieurs les monarchistes, si vous ne voulez pas être classés au rang des égoïstes et des jouisseurs.

En dehors de vos programmes, qu'avez-vous fait depuis 1870 pour aspirer aujourd'hui à gouverner la nation ? Peu de chose en vérité. Au lieu de descendre dans l'arène, vous vous êtes cloîtrés dans vos espérances et dans vos rêves ; vous avez pratiqué l'abstention sur une vaste échelle, craignant de vous compromettre ou d'attraper des horions, et cependant, quand il s'agit du salut de la Patrie, il n'est pas de besogne devant laquelle un Français doive reculer. En 1870, vous avez généreusement fait abnégation de vos personnes, de vos idées, de vos croyances pour servir notre cher pays. Eh bien ! il fallait continuer à lui prêter votre concours lorsque vous

avez vu ce même pays aux prises avec les tripoteurs officiels, au lieu de vous retirer dans les
régions éthérées, du sommet desquelles vous ne
pouviez vous rendre compte des besoins de vos
concitoyens. Aujourd'hui vous descendez des
nues, empreints de torpeur et d'apathie pour
jeter à la France des mots, rien que des mots.
Nous l'avons dit : c'est très beau, mais cela ne
suffit pas.

Bien plus, lorsque quelqu'un des vôtres se
mettait courageusement en avant, vous battiez en
retraite mettant en pratique cette théorie : c'est
le moment de se montrer... cachons-nous !

Quelques-uns d'entre vous sont allés plus loin.
La République leur a fait risette, ils ont donné
dans le piège et sont allés à la République. Oh !
ils ont gardé leur conviction ; oh ! ils n'ont point
transgressé, ils n'ont point dérogé et n'ont cessé
de maudire la gueuse ; mais ils ont accepté les
places qu'on leur offrait ; l'on a vu et l'on voit
leurs noms associés à ceux des ministériels dans
des entreprises plus ou moins chanceuses, dans
des patronages, conseils d'administration de
Sociétés plus ou moins louches. L'intérêt personnel a passé pour ceux-là avant celui de la
Patrie, de leur passé, de leur parti. Messieurs
les monarchistes, vous êtes muselés; vous ne
pouvez rien. Vous attendez tout de la Providence
et rien de vous-mêmes. Cependant la révolution
marche, elle vous devancera, et comme parmi
vos lanceurs d'hier il y en aura qui auront prévu
le coup et se seront mis à l'abri, c'est vous qui
danserez parce que l'on vous aura désignés
d'abord, ensuite parce que vous possédez.

Nous reconnaissons, Messieurs, que vous êtes honnêtes gens, mais vous n'êtes pas prêts. Repassez demain.

IV

Ce que nous venons de dire, tout le monde le sent, tout le monde le sait. Nous le disons, si personne ne l'a fait. La France marque le pas, cherchant à droite, à gauche, devant, derrière une issue quelconque. Elle se trouve exactement dans la position de celui qui, succombant au milieu de sa route sous un trop lourd fardeau, attend avec angoisse le passant qui le relèvera, le réconfortera, lui donnera courage, et après avoir déblayé la route, lui dira : Marche, il n'y a plus d'obstacles sur ton chemin.

Que veut la nation ?

L'intégrité de ses mandataires, partout la suppression des tripotages, du favoritisme, de la mauvaise foi.

La justice dans son expression la plus pure.

L'égalité la plus absolue.

La diminution des charges publiques qui impose l'économie la plus stricte des deniers publics.

Les réformes essentielles à nos lois et à notre administration, propres à assurer une répartition plus équitable des charges publiques, la facilité et la loyauté des transactions de tout ordre.

La protection du travail et de la production nationale.

La possibilité pour le travailleur de recevoir la juste rémunération de sa peine, d'assurer, par son travail, les besoins du présent et de l'avenir sans être entravé par la convoitise des uns et la cupidité des autres.

La liberté de conscience la plus absolue.

Enfin un gouvernement tel, qu'il n'ait d'autre objectif que l'intérêt général, d'autre souci que l'amour de la Patrie, un gouvernement composé d'hommes intègres, faisant abnégation de leur personne, de leur intérêt personnel pour se consacrer, tout entier, à la bonne administration des deniers publics. En un mot, un gouvernement qui fonctionne en vertu d'une constitution telle, qu'il soit impossible à aucun de ses membres de dévier de sa route sous peine de forfaiture et de haute trahison.

Voilà ce que veut le peuple français.

La loi et la constitution sont à faire. Eh bien, le peuple les fera.

V

Nous l'avons imprimé en tête de cette brochure : ni République, ni Empire, ni Monarchie. Que reste-t-il donc ? Ce qui reste ! Mais c'est vous, c'est nous, ce sont eux, ce sont tous qui payons de notre sueur ou de notre argent et qui sommes las de payer et de souffrir. Ce qui reste !

mais c'est l'immense majorité des Français qui a
par dessus la tête de cette lutte intestine de partis, des tripotages, de *cette poignée de vautours*
qui prétendent nous gouverner, qui compromet-
tent la fortune publique et s'engraissent à nos
dépens ; de cette honteuse procédure parlemen-
taire *pétrie de fourberie et de fausseté.*

Ce qui reste ! c'est ce puissant, incomparable
parti national qui, depuis le laboureur jusqu'à
l'ouvrier des villes, depuis le paria jusqu'au ren-
tier, se lèvera comme un seul homme le jour où
la patrie sera en danger. Tous qui, aux jours som-
bres, seront sur les champs de bataille, tandis que
les autres, politiciens de contrebande, seront soi-
gneusement à l'abri.

Et c'est précisément ce parti national qui réclame aujourd'hui un gouvernement national.
C'est cette immense majorité qui, lassée de promesses, veut voir clair dans le bocal officiel. L'é-
tiquette ne lui suffit plus, il veut aujourd'hui voir
au travers du verre.

Et que pourraient les républicains, les impérialistes et les monarchistes, contre un gouvernement qui s'intitulerait et qui serait tout simple-
ment le *Gouvernement national Français.* Qui
pourrait renverser et fouler aux pieds un gouvernement dont la constitution obligerait tous ses
membres, sous peine de forfaiture et de haute
trahison, à prêter serment à la nation, à servir la
nation et rien que la nation. L'armée ! mais elle
n'a cessé d'être nationale, l'armée ! Les républicains ont voulu la faire sortir de ce rôle glorieux
en en faisant l'armée d'un parti, l'armée de la

politique des intrigants et des tripoteurs. L'armée
est restée nationale, elle ne peut-être que cela et
ne sera que cela. C'est pour avoir oublié ce prin-
cipe immuable, que Bazaine a rendu Metz, que
Boulanger s'écroule et que la République s'écroule
avec lui.

L'impuissance des trois partis politiques est
manifeste. Que demain il survienne une guerre, et
à part les ambitieux sans vergogne, tous nous
ferons abnégation de nos préférences, de nos idées
de nos souvenirs pour nous consacrer à la défense
de la Patrie. La Patrie, l'amour et la défense du
foyer, les souvenirs d'enfance, les lieux et les
êtres chers à nos cœurs. La Patrie, cette étoile
qui dans les pays lointains nous aide à supporter
l'adversité. La Patrie que rien ne remplace, au-
dessus de laquelle rien ne prévaut dans l'âme
d'un Français !

Eh bien! ce terrain neutre, ce terrain national
sur lequel nous nous rencontrons tous au jour du
danger, que ne s'y place-t-on tout de suite. C'est
la seule solution pratique à l'impasse dans laquelle
s'est fait acculer le gouvernement.

Que la France fasse appel à tous ses enfants,
sans distinction d'aucune sorte, et qu'elle proclame
le *Gouvernement national Français*. Qu'on éta-
blisse une constitution sur laquelle prêteront serment tous les employés de l'État. Il n'y aura plus
en France que des Français, les uns progressistes,
les autres modérés, tout comme en Suisse, en
Angleterre et aux États-Unis. Ce jour-là, les
questions irritantes des partis auront à jamais dis-
paru, et les mandataires du peuple, scrupuleuse-

ment choisis, pourront efficacement s'occuper de l'intérêt général. Le parlement, débarrassé des questions administratives dont la responsabilité incomberait aux ministres, reviendrait à son rôle de législateur et de dispensateur des deniers publics.

Le moyen, nous dira-t-on ? Mais il est bien simple.

Que de tous côtés on pétitionne, que de partout, au lieu de plébisciter sur un panache, on s'adresse au président Carnot pour lui demander la dissolution. Que de toutes parts on réclame les élections générales. Que ces élections générales se passent sur un programme unique et déterminé sur le terrain national Sur ce terrain il n'y a plus de partis, il n'y a plus que des hommes, et il appartient aux électeurs de les choisir, quel que soit leur passé politique, honnêtes, intègres, administrateurs ; qu'ils exigent d'eux le *serment*, que la nouvelle Assemblée ait mission d'élaborer une constitution sur les bases que nous avons indiquées, et le *Gouvernement national Français* sera constitué.

Des hommes nouveaux apparaîtront dans cette situation nouvelle. Ils ne manquent pas en France les hommes qui, jusqu'à ce jour, se sont éloignés des écœurements de la politique, et ils ne refuseront plus leur concours et n'hésiteront pas à engager leur responsabilité lorsqu'il s'agira de faire partie d'un gouvernement basé sur l'amour de la Patrie, *le Gouvernement national Français*.

Nous en aurons ainsi fini avec les tripotages de la République, l'égoïsme d'une poignée d'intri-

gants à l'impuissance d'une Chambre de procéduriers. Le coup d'Etat qui aurait pu tenter
quelques factieux sera fait par la nation elle-
même, à son profit et pour le plus grand bien du
peuple français.

Oh ! vous tous, Français, patriotes qui, au jour
du danger, vous offrez en holocauste à la Patrie ;
vous tous qui voulez notre chère France grande,
prospère, glorieuse ; vous tous qui avez assez des
saturnales républicaines ; vous dont l'esprit de
justice et d'égalité ne peut supporter plus longtemps l'injustice et l'iniquité, relevez-vous !
déployez l'étendard de la Patrie, le drapeau des
jours glorieux, et marchez fièrement à la conquête
de l'indépendance et de la liberté.

MICHEL *le Français.*

Bordeaux, le 28 mars 1888.

Modèle de Pétition

*Les soussignés (conseillers généraux, munici-
paux ou contribuables de telle ville, tel arrondis-
sement, telle commune),*

*Considérant que le Gouvernement de la Répu-
blique est devenu en France un Gouvernement de
parti ;*

*Qu'à ce titre, et dans la situation actuelle, la
France a le droit d'exiger un Gouvernement national apte à lui donner les institutions et les
réformes que le peuple français est en droit d'exiger ;*

*Que la Chambre et le Gouvernement actuels se
trouvent dans l'impuissance la plus absolue ;*

*Que le résultat de cette impuissance ne peut
être que la guerre civile ou la dictature ;*

*Que le peuple français veut éviter à tout prix
l'une et l'autre de ces deux calamités;*

*Qu'il y a lieu, pour ce faire, de se placer sur
le terrain national et de mettre fin aux compéti-
tions des partis politiques ;*

*Qu'il y a lieu de constituer un Gouvernement
national Français basé sur une constitution nouvelle, en harmonie avec les besoins du pays ;*

*Invitent le président Carnot à provoquer la
dissolution du Parlement, à faire procéder aux
élections générales avec mission provisoire pour
les nouveaux élus, réunis en Assemblée nationale,
d'élaborer une constitution et d'instituer le Gouvernement national Français.*

Modèle pour les Elections Générales

Le soussigné, candidat à l'Assemblée nationale, s'engage, s'il est élu, à ne se faire le champion d'aucun parti politique. Il s'engage à concourir à l'établissement de la constitution du Gouvernement national Français, *constitution qui doit avoir pour conséquence :*

1° L'intégrité des représentants du peuple et des fonctionnaires de tout ordre ;

2° L'économie des deniers publics ;

3° La répartition équitable des charges publiques ;

4° Les réformes économiques et sociales demandées par le peuple ;

5° Une politique nationale française, à l'exclusion de toute politique de parti.

Bordeaux. — Imp. R. COUSSAU & F. COUSTALAT, rue Gouvion, 20.